만화로 배우는

사회성
쑥쑥
화용언어
치료

3

만화로 배우는

사회성 쑥쑥 화용언어 치료

최소영, 허은경 지음

3

이담 Books

책을 내면서

사회성이라는 단어는 그 중요성만큼이나 최근 전문가들, 교육자들, 부모님들에게 큰 화제가 되고 있습니다. 사회성은 어떤 단일한 영역이라기보다는 언어, 인지, 정서 등의 토양 위에 좋은 환경과 교육의 햇살을 받아 자라나는 나무와도 같습니다. 사회성은 적절한 언어기술 위에서 자라나고, 잘 자라난 사회성은 언어로 표현됩니다. 그렇기 때문에 언어의 사용, 즉 화용언어는 매우 중요합니다. 예를 들어, 아이가 친구에게 인사를 하는 지극히 기초적인 과정 속에서도 아이는 어떤 표정으로 어떤 말을 건네며 인사를 해야 할지를 고민해야 합니다. 친구가 간단한 질문이라도 던지면, 대화를 더 이어갈 수 있고 인상을 좋게 하며 관심을 표현할 수 있는 방식으로 대답을 고민해야 합니다. 이처럼 복잡한 소통의 터널을 통과하면서 아이들이 어려움을 겪을 때, 부모와 교사는 아이들에게 다양한 상황들을 유연하게 처리할 수 있는 전략을 가르쳐 주어야 합니다. 이 책을 그런 아이들과 부모, 교사를 위해 드립니다. 이 책이 화용언어가 부족한 아이들이 성장하는 데 디딤돌이 될 수 있길 바랍니다.

목차

책을 내면서 • 4

본 교재의 특징 • 6

이렇게 사용하세요 • 7

같이 점심 먹어요 • 10

새치기하지 마세요 • 22

조금만 주세요 • 34

식사 예절을 지켜요 • 46

양치질합시다 • 58

부록 손인형 • 71

본 교재의 특징

본 교재에서는 학령기가 된 아이들이 마주할 수 있는 상황들을 만화로 제시하고, 그 상황에 맞는 적절한 말과 행동들을 연습해 볼 수 있도록 하였습니다.

재미있습니다.

'공부', '수업'이라는 말만 들어도 배가 아프고 등이 가려워 오는 아이들에게 만화로 제공되는 교재는 흥미와 학습동기를 끌어올려 줄 것입니다. 또한 낙서판, 줄 긋기, 자르고 붙이기, 손인형 역할극 등의 다양한 활동으로 복습할 수 있도록 과제를 구성하여 학습의 재미를 더하였습니다. 즐겁게 배우고, 또 기다려지는 수업이 아이들의 생각과 마음을 한 뼘 더 자라게 할 것입니다.

쉽습니다.

책읽기나 어른들의 설명을 통한 배움은 활자나 언어를 이해하는 과정을 거쳐야 합니다. 언어능력·인지능력에 어려움이 있는 아이들에게는 그러한 방식의 배움에서 심리적인 부담감이 더 커질 수밖에 없겠지요. 만화로 제공되는 교재는 언어를 이해하는 복잡한 과정에 대한 부담을 줄이고, 시지각을 통하여 직접적이고 편안하게 상황을 인식할 수 있도록 아이들을 도와줄 것입니다.

실제적입니다.

호랑이를 잡으려면 호랑이 굴로, 대화를 배우려면 대화 속으로 들어가 보는 것이지요. 만화로 제공되는 교재는 대화체의 문장을 사용하므로, 아이들이 자연스러운 구어문장을 배우고 대화 능력을 기르는 데 도움이 될 것입니다. 또한 '말하기'에 초점을 맞춘 복습과제와, 아이 스스로 자가점검을 할 수 있도록 돕는 체크리스트 등을 수록하여 좀 더 실제적으로 생활에 적용할 수 있는 교육을 제공하도록 하였습니다.

이렇게 사용하세요

본 책은 다양하고 재미난 활동들로 구성되었습니다. 다음의 활용 방법을 참고해 아이와 재미있게 이야기를 나누면서 아이의 사회성을 길러 주세요.

1 상황 설명

만화 에피소드의 제목을 소개하여 주제를 이해하도록 도움을 줍니다. 또한 만화의 배경에 대한 상황과 주인공들에 대한 짧은 이야기가 수록되어 있습니다. 만화를 보기 전에 아이가 내용에 대해 이해하고 생각해 볼 수 있게 도와주세요. 읽기를 싫어하거나 지루해한다면, 억지로 모든 상황을 읽어 주지 않으셔도 됩니다. 만화는 쉽게 구성되어 있어 배경 상황을 잘 모르더라도 내용을 충분히 이해할 수 있으니 주인공들의 이름 정도만 알려 주셔도 괜찮습니다.

2 만화 읽기

학교에서 벌어질 수 있는 다양한 상황을 주제로 한 재미있는 6컷의 만화들입니다. 읽는 순서는 왼쪽에서 오른쪽으로 읽으시면 됩니다. 만화에는 생각풍선과 말풍선이 있습니다. 생각풍선의 말은 속으로만 생각하는 것이라고 아이에게 설명해 주세요. 아이가 생각하는 대로 재미있게 말풍선을 채워 보시고 나중에 모범 답안과 비교해 보는 것도 좋습니다. 하지만 아이가 잘 생각해 내지 못하거나 틀린다고 해도 우선은 만화 내용을 이해하고 즐기는 것에 중점을 두고 진행해 주세요.

3 빈칸에 들어갈 말 생각하기

앞의 만화의 빈칸에 들어갈 말들을 생각해서 문제를 풀어 보는 활동입니다. 각 질문에 따라서 만화에 들어갈 적절한 네 가지 답은 왜 틀렸는지를 생각하고 이야기해 보도록 해 주세요. 정답이 아닌 네 가지 보기는 엉뚱하거나, 친구의 감정을 상하게 하는 등의 이유로 옳지 못한 표현임을 알려 주세요. 여러 가지 답과 정답을 고려하여 아동의 말로 바꾸어 표현해 보도록 지도해 주세요.

4 이야기 만들기

화용언어 및 또래 관계에 매우 중요한 것 중 하나가 이야기 말하기 능력입니다. 앞의 만화 내용을 보기에 주어진 단어들을 사용하여 다시 말해 보도록 지도해 주세요. 점수를 매기어 활용하시면 아이들에게 동기를 심어 주어 즐겁게 활동하실 수 있습니다. 점수는 개인적으로 주셔도 됩니다. 저희가 제안하는 점수 가이드라인은 다음과 같습니다. 각 단어를 사용하면 +10점, 모든 단어를 사용할 시 +70점, 문법을 잘 맞추어 구성했을 때 +10점, 이야기 내용과 일치하면 +10점, 요약하여 쓰기를 완성하면 +10점, 총 100점입니다.

5 이해와 적용 질문들

만화의 내용을 잘 이해하고 있는지 확인하고, 만화의 내용을 개인적으로 적용해 보는 것을 도와주는 질문입니다. 아이들이 만화에 나온 사회적 개념들을 이해하고 있는지를 확인해 보시고 모르는 부분을 알려 주세요. 자신의 이야기를 해 보는 것을 통해 과거의 경험을 회상하면서 앞으로 어떻게 할지도 생각해 보도록 도와주세요. 아이가 지루해할 수 있는 부분이니 칭찬 등의 강화를 사용해 아이가 즐겁게 문제에 답해 볼 수 있도록 도와주세요.

6 다양한 활동들(선 긋기, 체크리스트, 질문 등)

만화의 내용을 직접 적용해 볼 수 있는 재미난 활동들로 구성되어 있습니다. 지시에 따라서 다양하게 활동해 보세요. 선 긋기, 올바르게 말하는 친구 찾기 등의 활동을 통해 상황에 적절하게 말하는 능력을 길러 주세요. 체크리스트는 작게 오려서 지니고 다니면서 직접 해당 상황에서 도움을 받을 수 있도록 하시면 좋습니다. 이야기들은 함께 읽어 보면서 아이가 어떤 상황에서 어떻게 활동하면 좋을지를 함께 생각해 보세요. 지나치게 공부하는 느낌이 들지 않도록 진행해 주세요.

7 역할극 스크립트

주제에 맞게 적절한 대화 상황을 스크립트 형식으로 제시하였습니다. 아이들이 미리 그 상황에 대해서 생각해 보고 상황에 적절하게 대화하는 법을 연습하는 것을 통해 사회성을 기를 수 있도록 구성하였습니다. 아이와 성인이 번갈아 가며 역할극을 재미있게 해 보세요. 아래 있는 빈칸을 채우며 적절한 말뿐 아니라 제스처나 표정 같은 비언어적인 단서도 알아볼 수 있는 시간을 가지도록 도와주세요. 역할극에 사용할 수 있는 손인형을 부록에 제공합니다.

8 만약 이런 상황이면 어떻게 할래?

아이가 사회 속에서 접하게 될 만한 다양한 상황들을 제시했습니다. 아이가 상황을 이해하고, 어떤 생각이 들지, 어떤 말과 행동을 할 것인지를 미리 생각해 보게 도와주세요. 먼저 공부해 본 상황을 접하게 될 때 아이는 덜 당황하게 되고 더 지혜롭게 행동하게 됩니다. 그림을 따로 잘라 카드로 만들어 쓰셔도 좋습니다. 아이에게 그림을 보여 주며 상황질문을 주시고 다양한 해결 방법을 떠올려 보도록 도와주세요. 필요하다면 직접 역할극을 해 보셔도 좋습니다.

9 빈칸 만화 만들기

만화 내용을 생각하며 그대로 다시 구성해 보아도 좋고 아니면 새로운 이야기를 생각해 내도 좋습니다. 어떤 생각과 행동, 그리고 말이 적절할지를 스스로 떠올리게 해 주세요. 미리 말풍선을 채워 주시고 어떤 생각으로 그렇게 말을 했는지를 찾아보게 하시는 것도 매우 재미있습니다. 아이들은 자신의 생각을 어떻게 표현해야 할지도 어려워하지만, 타인의 말을 듣고 타인이 어떤 생각을 하고 있는지를 파악하는 것도 어려워하므로 아이의 필요에 따라 지도해 주세요.

10 보너스 페이지/ 담벼락에 낙서하기/ 답

만화 내용을 생각하며 총정리 및 마무리를 할 수 있게 담벼락에 낙서해 보는 활동을 구성하였습니다. 아이가 진짜 낙서를 하듯 그림이나 글씨를 쓰면서 이야기에서 배운 내용들을 정리해 보도록 도와주세요. 또한 아이들이 머리를 식힐 수 있게 다양하고 재미난 내용들로 구성하였으니 아이들이 재미있게 완성해 볼 수 있도록 도와주세요. 이 페이지 하단에는 객관식 문제의 답이 소개되어 있으므로 아이가 답안을 먼저 보고 문제를 풀지 않도록 지도해 주세요.

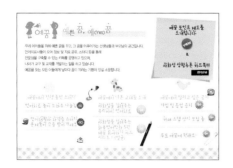

더 궁금한 점이 있으시거나 도움말이 필요하시다면, 언제든지 주저 말고 예꿈까페를 찾아 주세요. 예꿈까페는 예쁜 꿈을 꾸고 그 꿈을 이루어가는 언어치료사, 선생님, 부모님들이 모여 정보 및 자료 공유, 스터디 등을 통해 전문성을 구축해 가는 공동체랍니다.

http://cafe.naver.com/jdreamchildren

같이 점심 먹어요

점심시간이 되었어요.

하은이는 짝꿍인 은아랑

같이 점심을 먹고 싶어요.

그래서 은아에게

같이 점심을 먹으러 가자고 말했어요.

하지만 은아는 오늘 점심에

현지랑 둘이 할 얘기가 있어요.

그래서 현지랑 둘이 먹고 싶어요.

다음 만화를 읽고 빈 말풍선을 채워 보세요.

만화 내용을 기억하며 다음 질문에 답해 보세요.

1. 하은이는 은아에게 같이 밥을 먹자고 했지만, 은아는 다른 친구랑 둘이서만 먹고 싶어
   요. 은아는 하은이에게 어떻게 말하는 것이 가장 좋을까요?

① 싫어.

② 그래 같이 먹자.

③ 점심에 카레가 나온대.

④ 우리 점심 먹으러 가자.

⑤ 나는 다른 친구랑 먹기로 했어. 미안
   해. 다음에 같이 먹자.

1-1. 정답이 아닌 네 가지 말은 왜 옳지 않은지 이유를 말해 보세요.

1-2. 내가 은아라면 어떻게 말을 할지 적어 보세요.

----

2. 은아는 하은이의 부탁을 거절했어요. 하은이는 은아가 미안해하지 않게 대답해 주고 싶어요. 어떤 말이 가장 좋을까요?

① 그래. 나는 외롭게 먹어야겠네.
② 앞으로 너랑 같이 밥 안 먹을래.
③ 그래, 미안해.
④ 정말 고마워.
⑤ 괜찮아. 다음에 같이 먹자.

2-1. 정답이 아닌 네 가지 말은 왜 옳지 않은지 이유를 말해 보세요.

2-2. 내가 하은이라면 어떻게 말을 할지 적어 보세요.

----

3. 하은이의 부탁을 거절한 은아는 마음이 미안해요. 은아는 미안한 마음을 전하고 싶어요. 다음 중 은아가 미안한 마음을 전할 수 있는 가장 좋은 방법은 무엇일까요?

① 미안하다고 말하고, 다음에 기회가 되면 하은이랑 밥을 먹어요.
② 하은이를 피해서 다니고 관심을 갖지 않아요.
③ 하은이에게 비싼 선물을 다섯 개 정도 사 줘요.
④ 다음부터 하은이의 부탁은 무조건 들어줘요.
⑤ 무릎을 꿇고 미안하다고 해요.

생각 더하기

만화의 내용들을 회상하며 생각을 키워 봅시다.

1. 아래의 단어들을 넣어서 은아의 점심시간 이야기를 다시 말해 보세요. 이야기에 사용한 단어에는 X표를 해 보세요. 다 했다면 이야기를 요약하여 다시 써 보세요.

----

2. 점심시간이나 친구들과 같이 밥 먹는 시간을 떠올리면서 다음 질문에 답해 보세요.

1) 점심시간은 언제인가요? 점심시간에는 어떤 일들을 하나요?

----

2) 점심시간이 좋은 이유는 무엇인가요? 점심시간에 싫거나 걱정되는 일이 있나요?

----

3) 친구랑 같이 점심을 먹고 싶을 때, 친구에게 할 수 있는 말을 생각해 보세요.

----

4) 오늘 점심시간은 즐거웠나요? 기억에 남는 일을 말해 보세요.

한 걸음 더

친구의 생각을 알아요.

다음은 점심시간의 친구들 얼굴이에요. 왼쪽 친구의 표정을 보고 친구가 어떤 생각을 하고 있는지 오른쪽에서 찾아 연결해 보세요.

친구의 표정 친구의 생각

 ● ● '아이, 매워.'

● ● '이 반찬은 정말 맛있다.'

 ● ● '친구에게 같이 밥 먹자고 물어볼까?'

 ● ● '밥 먹기 싫어. 맛 없을 것 같아.'

왼쪽 친구의 표정과 상황을 보고 친구에게 어떤 말을 하면 좋을지 오른쪽 '나의 말'에서 찾아 줄을 그어 보세요.

친구의 표정/상황

친구가 같이 밥을 먹고 이런 표정을 지었어요.

친구가 반찬을 보더니 이런 표정을 지었어요.

친구가 떡볶이를 먹더니 이런 표정을 지었어요.

친구가 점심시간에 내 앞에 와서 이런 표정을 지었어요.

나의 말

"많이 매워?"
"물 좀 마셔 봐."

"맛있었지?"

"왜? 입맛이 없어?"

"뭐 할 말 있어?"

역할극 대본

다음 대화를 보고 손인형으로 역할극을 해 보세요.

대본을 읽고 내가 배우가 된 것처럼 말해 보세요.

 현주: (환호성을 지르며) 와~ 점심시간이다!

 소희: 오예! 나 진짜 배고파.

 현주: 너 점심 누구랑 먹으러 갈 거야? 나랑 같이 갈래?

 소희: (곤란한 표정으로) 어…… 나 오늘은 진우랑 먹기로 했는데…….

 현주: (시무룩한 표정으로) 아…… 그렇구나…….

 소희: 미안해, 현주야. 진우랑 먼저 약속한 거라서, 우리는 다음에 같이 먹자.

 현주: (애써 웃으며) 그래, 괜찮아. 맛있게 먹어.

 소희: 응, 너도 맛있게 먹고 와. 나중에 보자.

빈칸을 채워서 대본을 말해 보세요.

 나: (신나는 표정으로) 점심 먹을 시간이다.

 친구: (배를 움켜쥐며) 아, 배고파. 맛있는 거 나왔으면 좋겠다!

 나: 나도. _____?

 친구: (당황하며) 어…… 나 오늘은 다른 사람이랑 먹기로 했는데…….

 나: (_____) 아…… 그래?

 친구: _____. 그런데 이건 어제부터 약속한 거거든.

 나: (따뜻한 표정으로) _____.

 친구: 고마워. 내일은 나랑 같이 먹자.

만약에 이런 일이

다음 상황을 읽고 빈칸을 채워서 문장을 만들어 읽어 보세요.

같이 밥을 먹으러 가기로 한 친구가 갑자기
배가 아프다며 밥을 먹으러 가지 않겠대요.

그러면 나는 ⸻⸻⸻ 생각이 날 것 같아요.

⸻⸻⸻ 기분이 들 것 같아요.

그리고 나는 ⸻⸻ 표정으로 " ⸻⸻⸻ "라고 말해 줄 거예요.

그리고 이런 행동을 할 거예요. ⸻⸻⸻

내가 만드는 만화

배운 내용을 생각하며 만화 내용을 채워 보세요.

정답 및 쉬어 가는 페이지

배운 내용을 생각하며 생각나는 대로 낙서해 보세요.

12쪽 문제 1번: ⑤ 나는 다른 친구랑 먹기로 했어.(후략)
13쪽 문제 2번: ⑤ 괜찮아, 다음에 같이 먹자.
13쪽 문제 3번: ① 미안하다고 말하고, 다음에(후략)

새치기하지 마세요

은아랑 현지는 식당에 왔어요.

오늘 식단은 은아가 좋아하는

카레와 고로케예요.

배가 고파서 빨리 밥을 먹고 싶지만

먼저 온 친구들이 길게 줄을 서 있어요.

은아랑 현지는 줄 제일 뒤에 서서

차례를 기다렸어요.

그때 뒤에서 종현이가 오더니

새치기를 해서

은아와 현지 앞에 섰어요.

다음 만화를 읽고 빈 말풍선을 채워 보세요.

만화 내용을 기억하며 다음 질문에 답해 보세요.

1. 점심시간에 줄을 서 있는데, 종현이가 은아와 현지가 서 있는 줄 앞으로 새치기를 했어요. 은아는 종현이에게 뭐라고 말하는 것이 가장 좋을까요?

① 이제 너랑 친구 안 할 거야.

② 우리랑 같이 밥 먹을래?

③ 밥 맛있게 먹어!

④ 넌 정말 비열해!

⑤ 종현아, 새치기하지 마.

1-1. 정답이 아닌 네 가지 말은 왜 옳지 않은지 이유를 말해 보세요.

1-2. 내가 은아라면 어떻게 말을 할지 적어 보세요.

2. 종현이는 새치기한 것이 미안하고 부끄러웠어요. 은아에게 뭐라고 말하는 것이 가장 좋을까요?

① 나도 카레 좋아해.

② 같이 밥 먹을래?

③ 미안해. 앞으로 조심할게.

④ 치사하다.

⑤ 내 마음대로 할 거야.

2-1. 정답이 아닌 네 가지 말은 왜 옳지 않은지 이유를 말해 보세요.

2-2. 내가 종현이라면 어떻게 말을 할지 적어 보세요.

3. 줄을 서 있을 때 새치기를 하는 것은 옳지 않아요. 다음 중 줄을 서 있는 동안 가장 좋은 태도를 보인 친구를 고르세요.

① 현지: 앞 친구랑 큰 소리로 떠들어요.

② 예꿈: 앞 친구가 늦게 움직이면 내가 먼저 가요.

③ 예나: 앞 친구가 움직여도 안 가고 기다리다가 뒤에서 빨리 가라고 하면 가요.

④ 수지: 친구들이 줄을 삐뚤게 서면 혼내 줘요.

⑤ 하은: 줄을 잘 서서 앞 친구를 따라 움직여요.

생각 더하기

만화의 내용들을 회상하며 생각을 키워 봅시다.

1. 아래의 단어들을 넣어서 종현이가 새치기한 이야기를 다시 말해 보세요. 이야기에 사용한 단어에는 X표를 해 보세요. 다 했다면 이야기를 요약하여 다시 써 보세요.

2. 누군가에게 새치기 당했던 날을 떠올리면서 다음 질문에 답해 보세요.

1) 새치기는 무엇인가요? 친구가 새치기를 하면 기분이 어떤가요?

----

2) 새치기를 하는 것의 나쁜 점은 무엇인가요? 새치기는 왜 하면 안 되나요?

----

3) 새치기를 하는 친구에게 할 수 있는 말들을 생각해 보세요.

----

4) 내가 새치기를 했거나, 친구가 새치기하는 것을 본 적이 있나요?
   기억에 남는 일을 말해 보세요.

한 걸음 더

종종 친구들은 원래 말하고 싶은 내용을 다른 말로 표현할 때도 있답니다. 내가 새치기를 한 상황에서, 친구가 한 말을 읽고 친구가 진짜 하고 싶은 말을 찾아 줄을 그어 보세요.

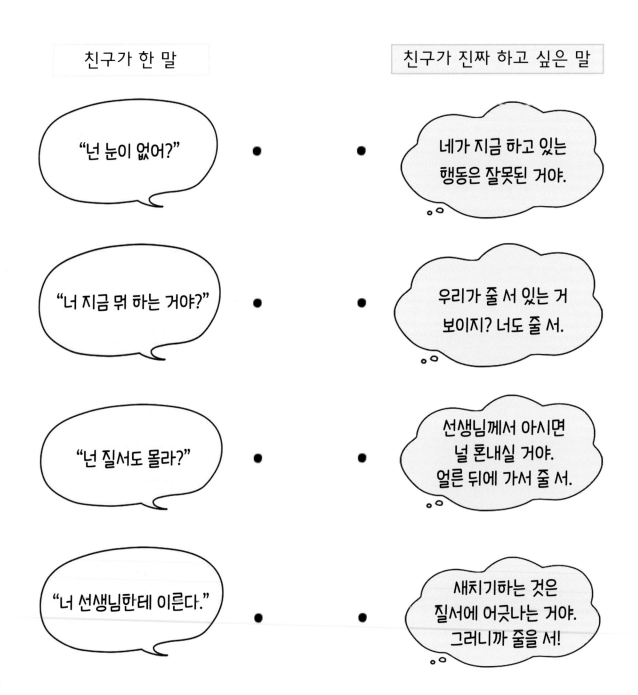

친구가 한 말

"넌 눈이 없어?"

"너 지금 뭐 하는 거야?"

"넌 질서도 몰라?"

"너 선생님한테 이른다."

친구가 진짜 하고 싶은 말

네가 지금 하고 있는 행동은 잘못된 거야.

우리가 줄 서 있는 거 보이지? 너도 줄 서.

선생님께서 아시면 널 혼내실 거야. 얼른 뒤에 가서 줄 서.

새치기하는 것은 질서에 어긋나는 거야. 그러니까 줄을 서!

줄 서야 할 때, 먼저 해도 될 때

새치기를 하지 않고 질서를 지키는 것은 중요해요. 그런데 어떤 때는 먼저 온 친구가 있어도 내가 먼저 하겠다고 부탁을 할 수도 있어요. 다음 중 질서를 꼭 지켜야 하는 때에는 동그라미를, 그렇지 않은 때에는 세모를 그려 보세요.

점심시간에 밥을 먹기 위해
친구들이 줄을 서 있을 때,

"난 배가 많이 고프니까
내가 먼저 먹을게."

하고 친구에게
양보해 달라고 말해요.

친구가 양치하면서
세면대 앞에 서 있는데
수도꼭지는 사용하고
있지 않을 때,

"나 손만 잠깐 씻을게."

하고 친구에게
양보해 달라고 말해요.

쉬는 시간에 친구들이
화장실에 줄을 서 있는데
기다리기 지루할 때,

"나 빨리 누고 나가고 싶은데,
내가 먼저 쓰면 안 돼?"

하고 친구에게
양보해 달라고 말해요.

쉬는 시간에 친구들이
화장실에 줄을 서 있는데
내가 급해서 못 참을 것 같을 때,

"미안한데 나 좀 급해서,
내가 먼저 쓰면 안 돼?"

하고 친구에게
양보해 달라고 말해요.

역할극 대본

대본을 읽고 내가 배우가 된 것처럼 말해 보세요.

 지현: (짜증을 내며) 저것 봐. 유림이가 새치기했어!

 수민: 진짜? 우리가 먼저 왔는데.

 지현: 우리는 이렇게 기다리는데……. 정말 짜증나!

 수민: 유림이한테 말해 주자.

　　　　(유림이에게) 유림아, 새치기하면 안 돼. 뒤에 가서 줄 서.

 유림: (깜짝 놀라며) 미안해.

 수민: 응. 괜찮아.

 유림: (다정한 표정으로 웃으며) 다음부터 조심할게.

빈칸을 채워서 대본을 말해 보세요.

친구: 너 왜 새치기해?

나: (　　　　　　) 나 새치기 안 했어.

친구: 내가 먼저 왔으니까 넌 내 뒤에 서야 되는데, 지금 새치기했잖아.

나: 아…… 몰랐어. ＿＿＿＿＿＿. 일부러 그런 건 아니야.

친구: 그래, 다음부턴 줄 잘 서.

나: 알겠어. 그런데 너도 앞 사람이랑 떨어지지 않고 ＿＿＿＿＿＿＿.

　　　어디가 줄인지 헷갈리잖아.

친구: (부끄러운 표정으로) ＿＿＿＿＿＿＿＿.

만약에 이런 일이 일어난다면 나는 어떻게 할까요?

다음 상황을 읽고 빈칸을 채워서 문장을 만들어 읽어 보세요.

화장실이 정말 급해서 더 못 참겠는데,
친구가 얄밉게 새치기를 하고 모르는 척했어요.

그러면 나는 ＿＿＿＿＿＿＿＿＿ 생각이 날 것 같아요.

＿＿＿＿＿＿＿＿＿ 기분이 들 것 같아요.

그리고 나는 ＿＿＿＿＿ 표정으로 "＿＿＿＿＿＿＿＿＿"라고 말해 줄 거예요.

그리고 이런 행동을 할 거예요. ＿＿＿＿＿＿＿＿＿＿＿＿＿

배운 내용을 생각하며 만화 내용을 채워 보세요.

정답 및 쉬어 가는 페이지

배운 내용을 생각하며 생각나는 대로 낙서해 보세요.

24쪽 문제 1번: ⑤ 종현아, 새치기하지 마.

25쪽 문제 2번: ③ 미안해. 앞으로 조심할게.

25쪽 문제 3번: ⑤ 하은: 줄을 잘 서서 앞 친구를 따라 움직여요.

조금만 주세요

은아는 깍두기를 정말 싫어해요.

집에서도 깍두기는 쳐다보지도 않아요.

하지만 오늘 점심 식단에 깍두기가 있어요.

선생님께서 점심시간에 음식을 남기지

않는 친구에게 칭찬 스티커를 주신다고

하셨는데, 깍두기를 많이 받으면

은아는 아무래도 깍두기를

남기게 될 것 같아요.

다음 만화를 읽고 빈 말풍선을 채워 보세요.

문제 풀기

만화 내용을 기억하며 다음 질문에 답해 보세요.

1. 오늘 점심에는 깍두기가 나왔어요. 반찬을 다 먹어야 칭찬 스티커를 받는데, 은아는 깍두기를 다 먹을 자신이 없어요. 조금만 받고 싶은데 뭐라고 말하면 좋을까요?

① 깍두기 많이 주세요.

② 깍두기는 조금만 주세요.

③ 감사합니다.

④ 난 깍두기가 싫어!

⑤ 왜 깍두기를 주는 거예요?

1-1. 정답이 아닌 네 가지 말은 왜 옳지 않은지 이유를 말해 보세요.

1-2. 내가 은아라면 어떻게 말을 할지 적어 보세요.

2. 영양사 선생님은 은아가 고로케를 많이 받아 가면 남길 수도 있고, 뒤에 오는 친구들에게 줄 것이 모자랄 것 같아서 많이 줄 수 없어요. 선생님은 은아에게 뭐라고 말하셨을까요?

① 무조건 세 개 씩이야!

② 그래. 열 개 줄게.

③ 우선 조금 받아 갔다가 모자라면 또 와.

④ 은아야. 반가워!

⑤ 밥은 꼭꼭 씹어 먹어야지.

2-1. 정답이 아닌 네 가지 말은 왜 옳지 않은지 이유를 말해 보세요.

2-2. 내가 영양사 선생님이라면 어떻게 말을 할지 적어 보세요.

----

3. 내가 영양사 선생님이 되어 친구들에게 음식을 나눠 준다면, 올바른 행동은 무엇일까요?

① 큰 소리로 떠들며 침을 튀겨요.

② 미워하는 친구들에게는 반찬을 조금만 줘요.

③ 친구들에게 음식을 골고루 나눠 주어요.

④ 내가 좋아하는 반찬을 일부러 조금씩 나눠 주고 내가 많이 먹어요.

⑤ 음식을 나눠 주다가 머리나 코가 가려우면 배식하던 손가락으로 긁어요.

생각 더하기

만화의 내용들을 회상하며 생각을 키워 봅시다.

1. 아래의 단어들을 넣어서 은아의 급식 시간 이야기를 다시 말해 보세요. 이야기에
   사용한 단어에는 X표를 해 보세요. 다 했다면 이야기를 요약하여 다시 써 보세요.

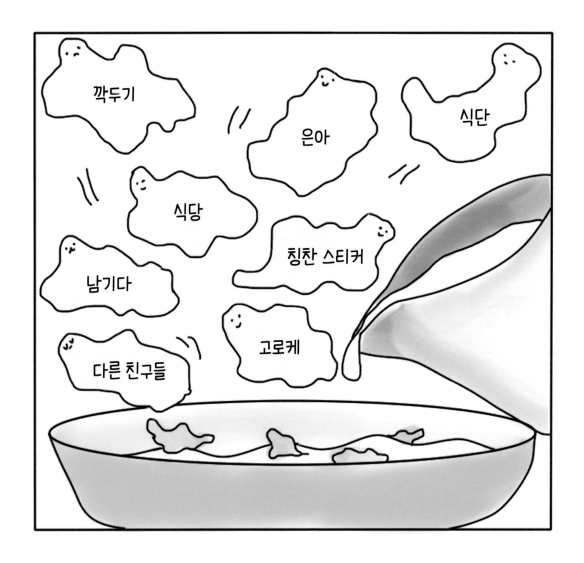

----

2. 학교 점심 시간에 식판에 급식을 받을 때를 떠올리면서 다음 질문에 답해 보세요.

1) 내가 좋아하는 반찬과 내가 싫어하는 반찬을 말해 보세요.

----

2) 내가 좋아하는 반찬만 먹고 싶을 때는 어떻게 할까요? 내가 좋아하는 반찬만 먹으면 어떻게 될까요?

----

3) 내가 싫어하는 반찬을 먹기 싫을 때는 어떻게 할까요? 내가 싫어하는 반찬을 안 먹으면 어떻게 될까요?

----

4) 오늘 급식은 맛있었나요? 기억에 남는 일을 말해 보세요.

한 걸음 더

편식하지 않고 골고루 먹어요.

편식이란, 좋아하는 것만 먹고 싫어하는 것은 안 먹는 것이에요. 편식을 하면 어떤 일이 일어날까요? 편식을 하면 일어날 일을 찾아서 빨간색으로 O를 그려 보세요. 골고루 먹으면 일어날 일을 찾아서 초록색으로 O를 그려 보세요.

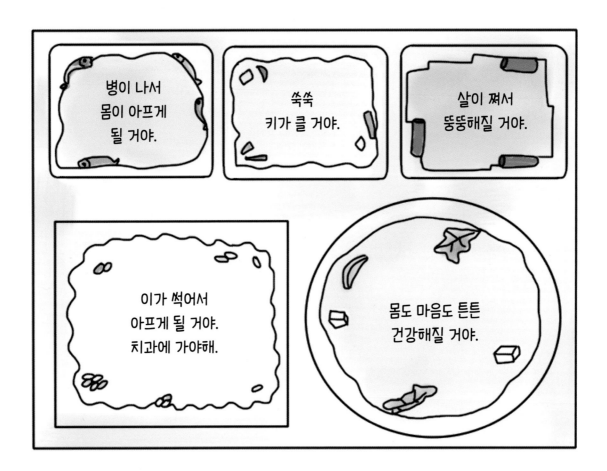

내가 좋아하는 음식에 O, 싫어하는 음식에 X 하세요.

돈가스 떡볶이 햄버거 샐러드 라면 볶음밥 나물
갈비 피자 두부조림 고등어조림 가지볶음 깍두기
계란찜 장조림 소시지 버섯볶음 미역국 된장찌개

우리가 먹는 음식에는 다음과 같은 영양소들이 들어 있어요. 골고루, 적당히 먹으면 건강해질 수 있답니다.

지방

지방은 탄수화물과 함께 우리 몸에 에너지를 공급해 주고 체온을 조절해 줘요. 지방을 너무 적게 먹으면 몸이 자라지 않고, 너무 많이 먹으면 비만이 돼요.

지방이 많은 음식

호두, 참기름, 아이스크림, 피자, 튀김 등

단백질

우리 몸의 근육, 내장, 혈액, 머리카락, 손톱, 발톱 등을 구성하는 성분이에요. 단백질은 우리 몸이 성장하도록 도와준답니다. 단백질을 너무 적게 먹으면 몸이 약해지고 자라지 않아요. 너무 많이 먹으면 피로할 수도 있어요.

단백질이 많은 음식

두부, 살코기, 생선, 조개, 달걀, 콩, 된장 등

탄수화물

하루를 살아가는 데 꼭 필요한 에너지를 우리에게 공급해 줘요. 탄수화물을 너무 적게 먹으면 힘이 나질 않고, 너무 많이 먹으면 비만이 된답니다. 적당한 양을 먹는 것이 중요해요.

탄수화물이 많은 음식

밥, 빵, 떡, 옥수수, 감자, 고구마, 밤 등

섬유질

다른 영양소들이 잘 작용할 수 있도록 도와준답니다. 식이섬유는 장 안에서 청소부 역할을 해 주어서 소화가 잘되고, 변비에도 걸리지 않도록 도와줘요.

섬유질이 많은 음식

시금치, 당근, 호박, 김, 미역, 버섯, 귤 등

당류

우리 몸에 에너지를 공급해 주어요. 당은 설탕보다는 곡류나 과일로 섭취하는 것이 좋아요. 당류를 너무 많이 먹으면 면역력과 기억력이 떨어지고, 살이 찌고, 얼굴에 여드름이 생길 수도 있어요.

당이 많은 음식

과일, 꿀, 설탕, 사탕, 젤리, 초콜릿, 콜라 등

역할극 대본

다음 대화를 보고 손인형으로 역할극을 해 보세요.

대본을 읽고 내가 배우가 된 것처럼 말해 보세요.

 민우: (얼굴을 찌푸리며) 난 시금치 싫은데!

 영양사 선생님: 골고루 먹어야지.

 민우: 시금치 맛없단 말이에요. 안 먹을 거예요.

 영양사 선생님: 편식하면 안 돼. 그럼 조금만 줄게. 이것만 먹어.

 민우: (한숨을 쉬며) 네……. (반가운 표정으로) 어, 떡볶이! 떡볶이 많이 주세요!

 영양사 선생님: 다 못 먹을 것 같은데 일단 이만큼만 받아 가.

 민우: (아쉬운 표정으로) 네……. 잘 먹겠습니다.

 영양사 선생님: 응, 다 먹고 부족하면 또 받으러 와.

빈칸을 채워서 대본을 말해 보세요.

 나: (_____) 저는 김치는 안 주셔도 돼요.

 영양사 선생님: _____.

 나: 네……. 그럼 조금만 주세요. (돈가스를 보고) _____.

 영양사 선생님: 미안한데 돈가스가 많이 안 남았어. 일단 하나만 줄게.

 나: 여기 이렇게 많잖아요.

 영양사 선생님: 뒤에 아직 못 먹은 친구들이 있잖아. 너한테 두 개 주면 뒤에 오는 친구들이 못 먹을지도 몰라.

 나: (실망한 표정으로) _____.

 영양사 선생님: 그래, 맛있게 먹어.

만약에 이런 일이

만약에 이런 일이 일어난다면 나는 어떻게 할까요?

다음 상황을 읽고 빈칸을 채워서 문장을 만들어 읽어 보세요.

내가 좋아하는 불고기를 식판 가득 받았는데,
친구랑 부딪쳐서 내 식판을 쏟았어요.

그러면 나는 ＿＿＿＿＿＿＿＿＿ 생각이 날 것 같아요.

＿＿＿＿＿＿＿＿＿ 기분이 들 것 같아요.

그리고 나는 ＿＿＿ 표정으로 " ＿＿＿＿＿＿＿＿＿ "라고 말해 줄 거예요.

그리고 이런 행동을 할 거예요. ＿＿＿＿＿＿＿＿＿

배운 내용을 생각하며 만화 내용을 채워 보세요.

정답 및 쉬어 가는 페이지

36쪽 문제 1번: ② 깍두기는 조금만 주세요.
37쪽 문제 2번: ③ 우선 조금 받아 갔다가 모자라면 또 와.
37쪽 문제 3번: ③ 친구들에게 음식을 골고루 나눠 주어요.

식사 예절을 지켜요

은아와 현지는 식당에 앉아서
밥을 먹고 있어요. 은아는 고로케를
매우 좋아해서 밥을 먹기 전에
고로케부터 다 먹어 버렸어요.
그런데도 고로케를 더 먹고 싶어서
아쉬워요. 현지 급식판을 보니
아직 고로케가 두 개나 남아 있어요.
은아는 현지에게 고로케를
줄 수 있는지 물어보기로 했어요.

다음 만화를 읽고 빈 말풍선을 채워 보세요.

문제 풀기

만화 내용을 기억하며 다음 질문에 답해 보세요.

1. 은아는 고로케를 다 먹었어요. 현지의 식판을 보니 고로케가 두 개나 남아 있어요. 은아는 현지의 고로케를 먹어도 되는지 물어보고 싶어요. 어떻게 말하는 것이 좋을까요?

① 고로케 안 먹을 거면 나 줄래?

② 고로케 먹으면 살쪄.

③ 밥 좀 빨리 먹을래?

④ 고로케 줄까?

⑤ 그래. 너 먹어도 돼.

1-1. 정답이 아닌 네 가지 말은 왜 옳지 않은지 이유를 말해 보세요.

1-2. 내가 은아라면 뭐라고 물어볼까요?

2. 은아가 고로케를 달라고 했지만, 현지는 고로케를 나중에 먹으려고 아껴 둔 것이라 주고 싶지 않아요. 어떻게 말하는 것이 좋을까요?

① 미안해. 이거 내가 먹으려고 아껴 둔 거야.

② 그래, 가져가서 먹어.

③ 싫어. 그만 좀 먹어.

④ 너 왜 이렇게 욕심이 많아?

⑤ 고로케 진짜 맛있지?

2-1. 정답이 아닌 네 가지 말은 왜 옳지 않은지 이유를 말해 보세요.

2-2. 내가 현지라면 어떻게 말을 할지 적어 보세요.

----

3. 은아는 현지가 음식을 시끄럽게 씹고 침을 튀기며 말을 하는 것이 불쾌해요. 현지에게
   뭐라고 말하는 것이 가장 좋을까요?

① 우와, 맛있게 잘 먹는다.

② 고로케 좀 줄래?

③ 입 다물어. 더러워!

④ 밥 다 먹고 얘기하자.

⑤ 넌 가정교육을 잘못 받았냐?

3-1. 정답이 아닌 네 가지 말은 왜 옳지 않은지 이유를 말해 보세요.

3-2. 내가 은아라면 어떻게 말을 할지 적어 보세요.

생각 더하기

만화의 내용들을 회상하며 생각을 키워 봅시다.

1. 아래의 단어들을 넣어서 은아의 식사 시간 이야기를 다시 말해 보세요. 이야기에
   사용한 단어에는 X표를 해 보세요. 다 했다면 이야기를 요약하여 다시 써 보세요.

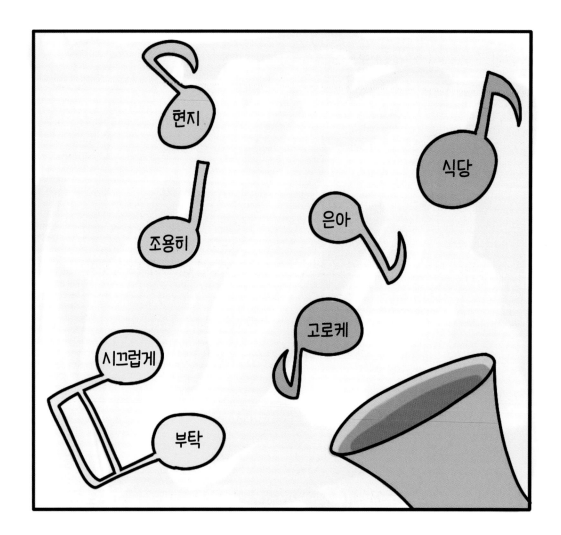

2. 친구나 가족들과 함께 식사하는 시간을 떠올리면서 다음 질문에 답해 보세요.

1) 친구와 함께 밥을 먹으면 기분이 어떤가요?

----

2) 식사 예절은 무엇인가요? 내가 알고 있는 식사 예절은 무엇이고, 그것을 안 지키면 어떻게 되는지 생각해 보세요.

----

3) 식사 예절을 지키지 않는 친구에게 할 수 있는 말들을 생각해 보세요.

----

4) 오늘 식사 시간에 식사 예절을 잘 지켰나요? 기억에 남는 일을 말해 보세요.

한 걸음 더

식사할 때는 기억하세요.

이것을 지켰나요?	네
식사 전에는 손을 깨끗하게 씻어요.	☐
음식은 숟가락이나 젓가락이나 포크로 먹어요.	☐
음식을 그릇 밖이나 바닥에 흘리지 않아요.	☐
식탁이나 바닥에 흘린 음식을 주워 먹지 않아요.	☐
좋아하는 반찬만 먹지 않아요.	☐
싫어하는 반찬도 먹으려고 노력해요.	☐
음식을 남기지 않아요.	☐
음식을 씹으면서 쩝쩝 소리를 내지 않아요.	☐
입을 다물고 음식을 꼭꼭 씹어요.	☐
입안에 음식이 있는 동안에는 말을 하지 않아요.	☐
먹으면서 말해야 할 때는 손으로 입을 가리고 말해요.	☐
식사 중 큰 소리로 트림을 하지 않아요.	☐

트림을 했을 때는 친구에게 "미안해."라고 말해요.

친구의 반찬을 빼앗아 먹지 않아요.

내 수저로 함께 먹는 음식을 휘젓지 않아요.

식사가 끝나기 전까지 여기저기 돌아다니지 않아요.

친구와 함께 먹고 있다면 친구가 다 먹을 때까지 기다려 줘요.

다 먹은 그릇은 스스로 깨끗하게 정리해요.

식사 시간은
맛있는 음식을 친구들이나 가족들과
함께 먹을 수 있는 즐거운 시간이야!
그래서 나는 식사 시간이 참 좋아.
하지만 식사 시간을 즐겁게 보내기 위해서
식사 예절을 지키는 것은 매우 중요해.
식사 예절에는 음식을 만들어 주신 분께
감사 인사하기, 깨끗하게 먹기, 골고루 먹기,
조용하게 먹기, 나누어 먹기 등등이 있어.
만약 이런 예절을 지키지 않는다면
함께 밥을 먹는 친구나 가족이
즐겁게 밥을 먹을 수 없고
기분이 나빠질지도 몰라.

역할극 대본

다음 대화를 보고 손인형으로 역할극을 해 보세요.

대본을 읽고 내가 배우가 된 것처럼 말해 보세요.

 주성: (입에 빵을 가득 넣고 씹으며) 나 어제 경주 다녀왔는데 정말 멋지더라.

 예진: 좋았겠다. 재밌었어?

 주성: (계속 빵을 먹으며) 불국사도 가 보고, 드라마 촬영지도 가 봤어.

 예진: (주성이 입에서 튀어나오는 빵 조각을 피하면서) 아, 자꾸 빵이 튀어나오잖아.

　　　　주성아, 빵 다 먹고 이야기해 줘.

 주성: (미안한 표정으로) 빵 튀었어? 몰랐어. 미안해.

 예진: 괜찮아. 천천히 먹어.

빈칸을 채워서 대본을 말해 보세요.

 친구: (쩝쩝쩝 소리를 내면서 떡볶이를 먹으며) 너 태권도 할 줄 알아?

 나: 　아니, ＿＿＿＿＿＿＿＿. 넌 할 줄 알아?

 친구: (더 크게 쩝쩝거리며) 난 지난주에 노란띠 땄어.

 나: 　축하해. (쩝쩝쩝 소리에 인상을 찌푸리며) 그런데 소리 안 내고 먹으면 안 돼?

 친구: 왜? 난 맛있는데.

 나: ＿＿＿＿＿＿＿＿＿＿＿＿＿＿.

 친구: (창피한 표정으로) 미안해, ＿＿＿＿＿＿＿＿.

만약에 이런 일이

만약에 이런 일이 일어난다면 나는 어떻게 할까요?

다음 상황을 읽고 빈칸을 채워서 문장을 만들어 읽어 보세요.

친구가 듣기 싫게 쩝쩝 소리를 내면서 밥을 먹고 있어요.
그렇게 하지 말라고 하면 싫어할 것 같고,
말을 안 해 주면 계속 그렇게 먹을 것 같아요.

그러면 나는 ＿＿＿＿＿＿＿＿＿ 생각이 날 것 같아요.

＿＿＿＿＿＿＿＿＿＿＿＿ 기분이 들 것 같아요.

그리고 나는 ＿＿＿＿ 표정으로 "＿＿＿＿＿＿＿＿＿＿"라고 말해 줄 거예요.

그리고 이런 행동을 할 거예요. ＿＿＿＿＿＿＿＿＿＿＿

55

배운 내용을 생각하며 만화 내용을 채워 보세요.

정답 및 쉬어 가는 페이지

배운 내용을 생각하며 생각나는 대로 낙서해 보세요.

48쪽 문제 1번: ① 고로케 안 먹을 거면 나 줄래?
48쪽 문제 2번: ① 미안해. 이거 내가 먹으려고 아껴 둔 거야.
49쪽 문제 3번: ④ 밥 다 먹고 얘기하자.

양치질합시다

점심을 다 먹고 올라온 은아는

양치를 하려고 치약을 꺼내어

칫솔에 짰어요.

그런데 치약을 다 썼는지

아무리 짜도 치약이 나오질 않아요.

은아는 짝인 하은이에게

치약을 빌리기로 했어요.

다음 만화를 읽고 빈 말풍선을 채워 보세요.

문제 풀기

만화 내용을 기억하며 다음 질문에 답해 보세요.

1. 은아는 치약을 다 썼어요. 하은이에게 빌려서 쓰고 싶은데 뭐라고 말하면서 빌려 달라고 하면 좋을까요?

① 니 치약이랑 내 칫솔이랑 바꾸자.

② 치약 내 놔!

③ 니 치약은 얼마짜리야?

④ 밥 맛있게 먹었어?

⑤ 치약 좀 빌려줄래? 내 치약을 다 썼어.

1-1. 정답이 아닌 네 가지 말은 왜 옳지 않은지 이유를 말해 보세요.

1-2. 내가 은아라면 어떻게 말할까요?

2. 하은이는 치약을 빌려주긴 하겠지만, 은아가 얼마 안 남은 치약을 많이 써 버릴까 봐 걱정이 되어요. 뭐라고 말하는 것이 좋을까요?

① 미안해. 빌려줄 수 없어.

② 얼마 안 남았는데 조금만 써.

③ 치약은 딸기맛 치약이 최고야!

④ 그럼 천 원 내 놔!

⑤ 넌 왜 나랑 밥을 안 먹어 준 거야?

2-1. 정답이 아닌 네 가지 말은 왜 옳지 않은지 이유를 말해 보세요.

2-2. 내가 하은이라면 어떻게 말을 할지 적어 보세요.

----

3. 하은이가 입을 열었는데 이에 음식찌꺼기가 끼어 있어요. 은아는 하은이가 부끄럽
   거나 속상하지 않게 알려 주고 싶은데 어떻게 말하는 것이 좋을까요?

① 헐~ 대박!
② 은아야, 너도 양치해야겠다.
③ 입 좀 다물어. 냄새 나.
④ 치약 빌려줘서 고마워.
⑤ 에이~ 더러워!

3-1. 정답이 아닌 네 가지 말은 왜 옳지 않은지 이유를 말해 보세요.

3-2. 내가 은아라면 어떻게 말을 할지 적어 보세요.

생각 더하기

만화의 내용들을 회상하며 생각을 키워 봅시다.

1. 아래의 단어들을 넣어서 은아의 양치하는 이야기를 다시 말해 보세요. 이야기에
   사용한 단어에는 X표를 해 보세요. 다 했다면 이야기를 요약하여 다시 써 보세요.

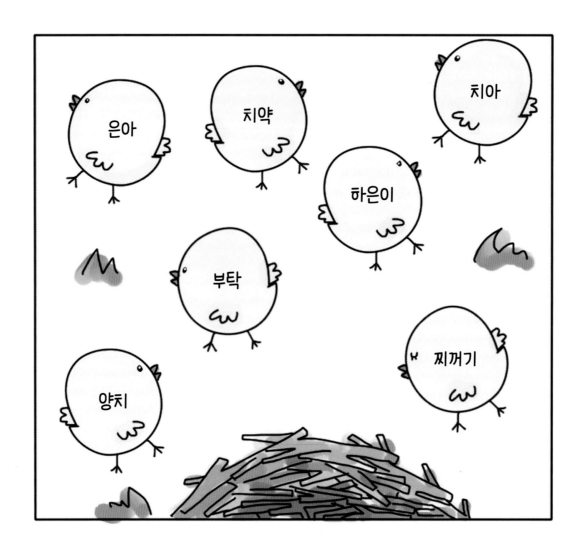

----

2. 식사 후 이를 닦는 시간을 떠올리면서 다음 질문에 답해 보세요.

1) 이를 깨끗하게 닦으면 기분이 어떤가요? 이를 닦지 않으면 어떤 기분이 드나요?

- -

- -

- -

2) 이는 왜 닦아야 하나요? 이를 안 닦으면 일어날 일들에 대해서 이야기해 보세요.

- -

- -

- -

3) 칫솔은 친구들끼리 빌려주거나 빌려 쓰지 않아요. 왜 그럴까요?

- -

- -

- -

4) 오늘 깨끗하게 양치했나요? 기억에 남는 일을 말해 보세요.

- -

- -

- -

한 걸음 더

실에는 '상황'이, 고양이에는 '친구들이 할 말'이 적혀 있어요. 여러 가지 상황에서 어떤 말을 하는 것이 좋을지 실을 잘 따라가서 맞춰 보세요.

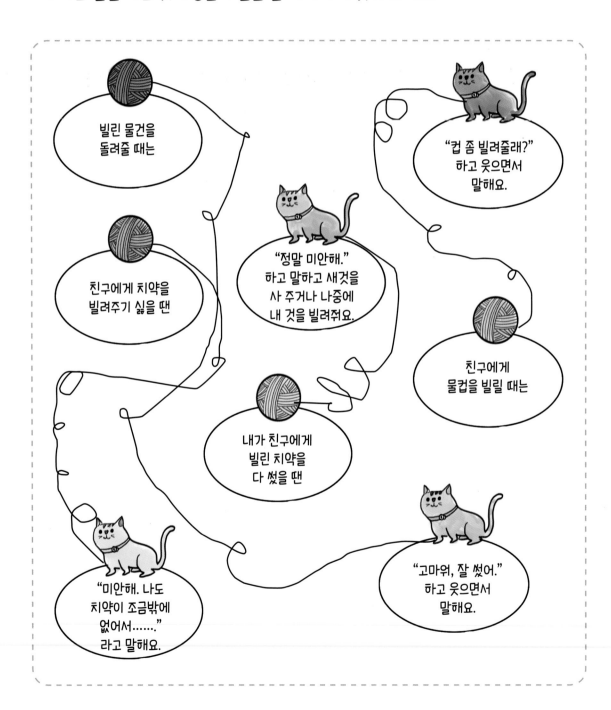

이것을 지켰나요?	네
치약을 칫솔 위에 짜요.	
앞니와 아랫니를 위아래로, 어금니를 안팎으로 닦아요.	
혀를 칫솔로 간질간질하게 닦아요.	
입천장도 칫솔로 닦아요.	
물컵에 받은 물로 입을 3~4번 헹궈요.	
거울을 보면서 혹시 이에 남은 음식물 찌꺼기가 있는지 봐요.	

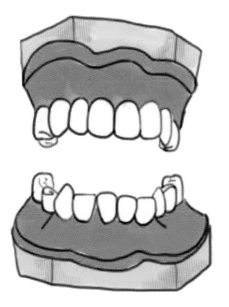

이를 잘 닦지 않으면 이에 낀 음식물들 때문에 세균이 생기고 결국 이가 썩게 돼요. 밥을 먹고 난 뒤 이를 깨끗하게 닦으면 이가 건강해져서 치과에 가지 않아도 괜찮을 거예요. 앞니는 위에서
아래로 칫솔질을 하고 어금니는 안쪽에서 바깥쪽으로 왔다 갔다 하면서 닦으면 깨끗하게
닦을 수 있어요.

역할극 대본

다음 대화를 보고 손인형으로 역할극을 해 보세요.

대본을 읽고 내가 배우가 된 것처럼 말해 보세요.

소진: (만족스러운 표정으로) 아, 배부르다. 양치하러 가야지.

주혁: 같이 가자. (다 쓴 치약을 꺼내며) 치약이 다 떨어졌네. 나 치약 좀 빌려줘.

소진: (치약을 건네며) 여기 있어. 조금만 써.

주혁: (가방을 찾으며) 나, 칫솔도 없는데 니 칫솔 좀 빌리자.

소진: (머뭇거리며) 어…… 나 칫솔은 같이 쓰는 거 싫은데.

주혁: 왜? 한 번만 빌려줘.

소진: 미안해. 칫솔은 빌려주기 좀 그래.

주혁: 그래, 알겠어.

빈칸을 채워서 대본을 말해 보세요.

나: 점심시간 다 끝나간다. _____ .

친구: 나도 가야지. (_____) 혹시 여기 있던 내 칫솔 못 봤어?

나: 못 봤는데. 칫솔 없어졌어?

친구: 분명 있었는데 이상하네. 그럼 너 닦고 나서 니 칫솔 좀 빌려줘.

나: (당황스러운 표정으로) _____ .

친구: 아, 그래? 몰랐어. 미안해.

나: 대신 나 껌 있는데, 이거라도 줄까?

친구: 응, 고마워.

만약에 이런 일이

다음 상황을 읽고 빈칸을 채워서 문장을 만들어 읽어 보세요.

친구가 치약을 빌려 달라고 해서 조금만 쓰고
돌려 달라고 말했는데, 그 친구가 나한테 말도 없이
다른 친구에게 내 치약을 빌려줬어요.

그러면 나는   생각이 날 것 같아요.

                 기분이 들 것 같아요.

그리고 나는   표정으로 "   "라고 말해 줄 거예요.

그리고 이런 행동을 할 거예요.

배운 내용을 생각하며 만화 내용을 채워 보세요.

정답 및 쉬어 가는 페이지

배운 내용을 생각하며 생각나는 대로 낙서해 보세요.

60쪽 문제 1번: ⑤ 치약 좀 빌려줄래? 내 치약을 다 썼어.
60쪽 문제 2번: ② 얼마 안 남았는데 조금만 써.
61쪽 문제 3번: ② 은아야, 너도 양치해야겠다.

저 자

이화여자대학교 대학원에서 언어병리학을 전공하였고, 현재는 임상에서 언어발달에 어려움을 겪고 있는 아동들을 만나고 있습니다. 아이들의 사회성과 화용언어에 특별한 관심을 가지고 연구하고 있습니다.

최소영

이화여자대학교 대학원에서 언어병리학을 전공하였습니다. 모든 아이들이 건강하게, 자유롭게, 행복하게 의사소통할 수 있는 세상을 소망하며, 의사소통에 어려움을 겪는 아이들을 교육하고 연구하는 일에 힘쓰고 있습니다.

허은경

공동저서로 『사회성을 길러주는 우리아이 언어치료』(김재리 · 조아라 · 최소영 · 허은경), 『어휘력을 길러주는 우리아이 언어학습』(김재리 · 최소영 · 허은경), 『사회적 상황추론 카드』(허은경 · 김재리 · 최소영), 『또박또박 재잘재잘 이야기 발음카드』(김재리 · 최소영 · 허은경)가 있으며, 인어치료사들과 부모님들의 나눔터인 예꿈카페를 운영하고 있습니다.

http://cafe.naver.com/jdreamchildren

손인형

손인형

가위로 오려서 사용해요

가위로 오려서 사용해요

- ☐ _____
- ☐ _____
- ☐ _____
- ☐ _____
- ☐ _____
- ☐ _____

만화로 배우는

사회성 쑥쑥 화용언어 치료 3

초판 1쇄 발행 2015년 03월 27일
개정판 9쇄 발행 2024년 04월 30일

지은이 최소영 · 허은경
발행인 채종준

출판총괄 박능원
편집장 지성영
책임편집 이강임 · 신수빈
디자인 홍은표
마케팅 문선영 · 전예리
전자책 정담자리

브랜드 이담북스
주소 경기도 파주시 회동길 230 (문발동)
문의 ksibook13@kstudy.com

발행처 한국학술정보(주)
출판신고 2003년 9월 25일 제406-2003-000012호

ISBN 979-11-6603-366-7 14370
      979-11-6603-363-6 14370 (전5권)